Et alors

Max Greyson

Et alors

Gedichten

Uitgeverij De Arbeiderspers
Amsterdam · Antwerpen

De auteur ontving voor het schrijven van deze gedichtenbundel een stimuleringsbeurs van het Vlaams Fonds voor de Letteren.

Eerste druk, juni 2019
Tweede druk, september 2019

Copyright © 2019 Max Greyson

Niets uit deze uitgave mag worden verveelvoudigd en/of openbaar gemaakt, door middel van druk, fotokopie of op welke andere wijze ook, zonder voorafgaande schriftelijke toestemming van BV Uitgeverij De Arbeiderspers, Weteringschans 259, 1017 XJ Amsterdam.

Omslagontwerp: Steven van der Gaauw
Omslagillustratie: Matthias Hellemans

ISBN 978 90 295 2855 9 / NUR 306

www.arbeiderspers.nl
www.max-greyson.be

Inhoud

PROLOGUE

Rien à déclarer 15

ET ALORS

[I] 19
[II] 20
[III] 21
[IV] 22
[V] 23
[VI] 24
[VII] 25
[VIII] 26

PASSOIRE

Entre lutte et vol 29
Ce que je suis 30
Flandriens 31
'14-'18 32
La politique et le théâtre 34
La Jungle de Calais 35

QUARANTAINE

Balance 39
À l'aise 40
Dormir, c'est mourir un peu 41
État des affaires 43

Les beaux-arts 44
Union sexuelle 45
Couple d'écrivains [II] 46

LA CONJUGAISON DE L'AMOUR

Infinitif 49
Conditionnel présent 50
Passé composé 51
Indicatif présent 52
Participe présent 53
Futur simple 54
Gérondif 55
Impératif 56
Plus-que-parfait 57
Subjonctif 58
Futur antérieur 59

COMMUNAUTAIRE

Bruxelles ma belle 63
Les goûts et les couleurs 65
Ni dieu ni maître 67
Moedertaal [I] 69
Moedertaal [II] 70
Citoyen 71
Manifeste 72

TREMOR

Tremor 75
Par hasard 76

Excusez le mot 77
Esprit 78

CE QUE JE SAIS

Accident de parcours 81
L'Art d'observer 82
Exception 83
Pas de deux 84
L'homme 85
Je sais 86

ÉPILOGUE

La fin ne justifie rien 89

Verantwoording 91

First of all nothing will happen
And a little later
Nothing will happen again

Leonard Cohen, *Book of Longing*

Prologue

Rien à déclarer

Vertrekken, nu

Uit mijn thermoharde glasvezelkabinet kruipen
mijn polyester huid lozen bij het vuilnis de verdraagzaamheid
uit mijn schoenzolen schoppen
wat hiërarchisch boven en onder me staat met de grond gelijk
een muiterij van het ontkennen elke autoriteit ondermijnen
bespotten en schofferen in iedereen evenwaardig
weerzin wekken een spoor van laaghartigheid trekken
over de afgeleefde tapis plein

Niets meenemen niets achterlaten zonder woorden
zeggen het is over en uit, c'est fini, c'est foutu
mannen vervloeken en vrouwen omhelzen
een laatste keer voorlopig
zonder iemand te volgen ongezien uit het blikveld
van mijn binair geschoolde medemens verdwijnen
tot niemand me nog durft te herkennen

Onderweg spuwen op alles wat me werd aangeleerd
en vergeten, eerst het tellen en het redeneren in ja en nee
dan het schrijven lezen spreken het luisteren het zwijgen
zonder schreeuwen mijn stem verliezen met dichtgeknepen strottenhoofd
zonder vingers of koorden om mijn hals het woord in stilte verhangen

Vergeten hoe te dansen te lopen rechtop te staan, vergeten hoe ik
in de lege ruimte tussen twee blikken
geen vorm weet te verzinnen voor mijn handen

Mijn woede bekoelen op wat beweegt
het licht in de wind slaan, kop vooruit in de val van haastig vertrek

Vrijmoedig voorbijgaan aan dit ogenblik van puinhoop
verzuimen dat er zoiets bestaat als een jeugd of een droom
mijn donkerste deugd omlijven de wil om niets te delen niets te bewijzen
geen geschiedenis te schrijven met mijn frêle onderstel
rennen neervallen bederven ontbinden

… Et alors

[1]

Niemand durft nog te druilen
de dagen van schuilgaan onder een hoed zijn voorbij

Velen hebben geprobeerd te vervliegen in een auto
veilig voor de bliksem maar niet voor zichzelf
aan honderdzestig draait de wereld sneller door
duurt elke minuut drie seconden langer
een ingehouden adem voor de knal

Het blijft vluchten, zelfs al is het naar de keuken
om in een casserole stormen te verdampen
altijd schommelend rond het kookpunt
hoe te pruttelen zonder over de rand te slaan
als niemand wacht op de bodem

Het horten en stoten begint al
bij de gedachte aan verbondenheid

[11]

Niemand weet waarheen te huilen
te vlug zochten we een einde in horizontale sneden langs de pols

We vonden een soort verlossing maar ze was niet fataal genoeg
om serieus te nemen
we hebben oud geleerd dat schreeuwen niet deert
dan maar verstommen we en gehoorzamen
aan de voortplanting en het verlies van tijd

Tegen het venster kleven we van binnen naar buiten
kijken naar wat uit zichzelf beweegt
om in te zien dat het niet de oude man op straat is die kromt
maar onze verbeelding, vervolgens halen we onze schouders op
om te rechten wat er te rechten valt

We lepelen herinneringen uit tot onze hongerloze jeugd
in een herbruikbaar potje past

[III]

Niemand loopt nog verloren
in het blauw dat bang is voor de ochtend

Niemand luistert naar het zingen in dingen
sinds er zoiets als ronken bestaat
sluiten we het geluid op
in de gangen van onze oren
verdrijven we krekels uit de nacht

Altijd verduren we de hitte die broeit onder onze tong
we zwijgen de klok rond
durven niet anders dan schampen
treffen elkaar zijlings en dicht tegen de aarde
om zelfs bij mislukking zacht te landen

Wij kunnen vanuit alle hoeken naar elkaar kijken
zonder elkaar een weerwoord te gunnen

[IV]

Niemand danst nog als daad van verzet
ons dansen is geobserveerd bewegen

Geheimen zijn wat we niet willen zien
in zestien miljoen kleuren en pixels verkijken we ons op het licht
vinden blind letters onder onze vingers, formuleren gedachten
sneller dan we ze kunnen bedenken
richten de wereld in typen in

Niemand is naakt nog, we maskeren schoonheidsfoutjes
onder een deklaag van zware metalen
dwangbuis om ons nieuwe gezicht vandaag
ongekreukt symmetrisch te conserveren
net voldoende hunkering te ontketenen

Om het juiste midden te vinden
tussen onszelf en het plebs

[v]

Op handen en voeten verliezen we het evenwicht
zoeken heil in asudra hatha vinyasa ashtanga

We liggen wakker in een kramp, schuiven op
naar de koudste plekken van het bed
in stellingen van gestrekte driehoeken
happy baby en omlaagkijkende hond
ons lichaam 's nachts niet meer dan een gebroken lijn

De grens tussen slapen en waken vervaagt
het tellen gaat onafgebroken door
we zijn trouw aan cijfers en de haalbaarheid van dromen
onze verdiepingen moeten hoger, het is al geruime tijd
geen bouwen meer het bouwen is denken

Après nous le déluge
springtij op rubberbootjes voor de Italiaanse kust

[VI]

Niemand wil nog een onbewoond eiland bewonen
vermenigvuldiging begint bij herhaling

We sleuren ons welzijn aan een zijden draadje
elk van ons is geboren aan een leiband en zal eraan sterven
wij die onherstelbaar uniek zijn
steeds bereid tot vergelijking
op de betonwei waar de honden praten in geuren

Waar wij in blikken verkeerd interpreteren
wat het verschil is tussen buigen en breken
we weten geen houding te geven aan onze naaktheid
staan als kromme contouren voorovergebogen
ontmanteld in ons vel en terug naar af

Homo erectus
sterk in zijn wil om neer te kijken

[VII]

Hier en nu is daar en later
als we zijn uitgedacht

Het speeksel van het zwijgen is gestold
we kijken weer met rechte rug vooruit
met onze armen gekruist als een mikpunt voor het hart
eindelijk de knal
een ribbenkast die openbreekt

Het kloppen slaat eenmaal over
zet door
in het diepe halen van een tweede adem
uit andermans jammeren
en ik die er buiten schot gedichten van wil maken

Niemand ontspoort nog in versprekingen
geen van onze gedachten ronden we af

[VIII]

Niemand wil vergeten of gehecht
het liefst hangen we los in verbanden en blijven we ontwikkelen

Zolang vliegen nog niet vallen is
blijft alles mogelijk
kunnen we nog verder
kunnen we nog vluchten
kunnen we nog terug

Groeien is lang geen klimmen meer
ons klimmen is snakken
happen naar lucht
een laatste maal nu
doorheen het rokersvlies

Een laatste haal nu
morgen houd ik ermee op

Passoire

Entre lutte et vol

Tussen vechten en vluchten ligt een kavel die Vlaanderen heet
waar men zuinig glimlacht en danst met veel sérieux

Waar men trouwt en emigreert
uit het centrum naar de rand
om in koterijen met zicht op groene bermen
de taal van het verzet te spreken

Het is geen land, het is een knot
van baksteen, lood en snelweg
aan elkaar gesmeed tot een gewest
het landoppervlak toegedekt door een grafzerk
voor een zwart verleden
dat uit haar kleigrond wil herrijzen

Met een kustlijn voor gevallen helden
Atlantik Wall van flatgebouwen
waar men lichamen in de zomer op het strand te rusten legt
veilig overhoop onderaan de dijken, zonnend met zicht op zee
het hele gezin slurpt Berlijnse bollen en raketten voor de vrede

Ce que je suis

Ik ben het kind
het kind van de kinderen
kind van de kinderen van de rekening
die niet de oorlog wel de echo
niet de honger wel de spaarzaamheid
       de baksteen in de maag

die niet het vluchten wel het schuilen
       de ogen van de vijand uit de huiskamer geweerd
       stalen hek houten luifel dubbel glas vitrage
       badjas nachtcrème tandpastaglimlach
       niemand kijkt daardoorheen

Ik ben de opbrengst van een generatie
die niet de daden wel de schuld
niet de schulden wel de waarborg
niet het delen wel het vermenigvuldigen
niet de dwang wel de arbeid
niet de overlevingsdrang wel het koppige overleven
       pijnstillers kaliumnitraat reserveonderdelen

die niet het vooruitzicht wel het perspectief
niet het gevaar wel de angst
       berekent

Flandriens

Arm Vlaanderen stapt een taxi in
laat zich rijden naar de binnenstad

Grootvader stierf aan de hik
het proost op zijn gezondheid
brengt spijzen naar de mond
lacht, kauwt, spreekt, slikt door
morgen fietst het alles er weer af

Het carpoolt aangeschoten terug naar huis
hij heeft nog steeds spijt van zijn studiekeuze
zij wil nog steeds niet aan bondage doen

Bij thuiskomst zal er niets veranderd zijn
de hond zal blaffen niet bijten
waakzaam poseren naast de brievenbus

De buren zullen vragen hoe het was
het zal antwoorden als een wielrenner
dat het alles heeft gegeven

'14-'18

Onder de Menenpoort heeft men herdacht

Hoe het begon zei men
zonder inversie, onbeschaafd balkend
geen schijn van nieuwsgierigheid
mengde zich in hun mond

Men hongerde naar schuld en een motief
dat men kende van een kaki verleden
met handen plat tegen het voorhoofd
toen het een eer was te sterven

Nooit meer zei men en men gedacht
wat was wie was zelfs waarom bedacht men
een trompet schetterde, men telde
sterren op de muur en hoeveel plaats er nog rest

Men evoceerde wreedheid in klanken en schichten
feiten stonden op uit hun archieven
werden met verve gekostumeerd

Er is niemand meer over
om te wijzen op wat is verzwegen
dat de tremor ooit begon bij Franz Ferdinand
een kogel uit de fabrieken van Herstal
dat de bibber sindsdien niet meer is opgehouden

Niemand zei schaamte, dat het mag
de duurbetaalde vrede te betwijfelen

Men keek als verslagen naar salvo's in de lucht
niemand lachte
wie er niet bij was, was weemoedig

La politique et le théâtre

Zie hem wankelen op de rand van de aandacht

Zie hem verkozen worden door een massa, zie hem stoel zijn
en een breekbaar halfgod op blote voeten
hoe hij de koning onttroont voor een taalgebied
met slanke enkels en een navelpiercing
zie hem deinen in haar bekken als een wulpse tong
en schwalbes duiken, te verkrampt om liefde uit te beelden

Hoor zijn gulzigheid, haar vlaktes kreuken begeerte
om zijn mond, hoor hoe hij hongert en zij voedert
hij maait en zij dorst, hoe ze uit elkaars handen slokken
hoor hen bloemvast zoemen in kunstig licht

Kijk dan naar ons, hoe ongedeerd we blijven
in onze fauteuils van rood velours
omgeven door stille vennoten
zie ons kijken en zwijgen zoals het hoort in een theater
zie ons weten waar het naartoe moet
met de jeugd en de valse stiefbroer en het koninkrijk

Zo stellig weten we waar het naartoe moet
dat het niet meer hoeft gezegd

La Jungle de Calais

Zou je me geheimen toefluisteren
als je wist dat ik er geen had

Zou je me geloven als ik zeg
dat alles wat ik vertel gelogen is
dit ogenblik slechts een zoveelste herhaling
van een gesprek dat niet bestaat
dat onze verbondenheid pas ontwaakt
wanneer we niet meer doen alsof
we elkaar verstaan

Wegvluchten of terugvluchten
is slechts een kwestie van prepositie
onverbuigbaar eens gezet
de keuze tussen durven en doen
bleek minstens even doorslaggevend

Bij het zien van de kruimels zien we de muis
geven haar een naam en een gezicht
besluiten of we kunnen samenleven

Als we het kunnen, ontkennen we
dat ze er altijd is geweest

Quarantaine

Balance

Daar loop je over straat

Niemand klemt zijn handen om je schouders
niemand drukt je neer, toch krimp je ineen
met je gezicht gekreukt als crêpepapier

Niemand krabt aan je ooghoeken of boven je neus
toch zijn er striemen, sporen van contact
je ruikt naar mens

Niemand vult je op met water
toch zwel je rond jezelf laag na laag

Niemand kent al je geheimen, niemand spreekt je wartaal
of weet hoe je danst wanneer je alleen bent

Niemand kadreert je vanuit de verte
om al je bewegingen vast te leggen

Ondanks alles sta je alleen
klem je het licht in je rechterhand kapot

À l'aise

Het bed is warm gestookt
de ramen laten door zich heen kijken

De parketvloer is opgeboend, blinkt glad
onder het licht van een halogene sterrenhemel

Een derde generatie welvaart heeft de zondagsrust
uit haar tweedehands kostuum gestreken

De postbode staat bij het oud papier op straat
als de bel gaat doven lampen als de bliksem

Ons huis is vrij van barsten, het stof met verve
uit de voegen gebezemd, komt u binnen

Trek uw schoenen uit en adem onze fraaie lucht
komt u verder langs de overloop, wees gerust

De angst zit veilig op dubbel slot

Dormir, c'est mourir un peu

Er staat een man in de hoek van de slaapkamer
schimmen bevolken het balkon
het licht van de straat splijt het bed

Ze slaapt haar ogen trillen als vliesvleugels
het bed ijzelt op de plekken waar haar lichaam
het laken niet raakt, ze droomt
over de laatste tuinier van Aleppo

Met zuchten nadert hij schurkt in het dak
klopt in de buizen, wat zaait hij daar

Welke koude waait hem naar binnen
om wie rouwt hij zo meedogenloos

Hij legt bloembedden aan in haar verbeelding
maar wat fluit er boven onze hoofden
de verf craqueleert het plafond
dat brokkelt zonder iets los te laten

Boven is onder en onder is verdreven

Wat slaat hij daar zo diep in de grond
hij graaft putten en ze liggen leeg
aan zijn voeten, bij elke slag snerpen stemmen ijl
door wat we noemen ons huis

Wat toont hij ons, wat houdt hij achter
dat niet weet te ontsnappen aan de nacht

Ze woelt het bed om
slapen is vluchten
in een veilige vorm
het komt neer op de juiste kant
van het bed, links of rechts
het kiezen maakt de oorlog

État des affaires

Twee stoelen en een tafel op drie poten
zonder wankelen een vraagteken
in de mond maar nog niet uitgesproken

Een stand van zaken
de magnolia's schieten goed op
er nesten merels in de dakgoot

Er hoort iets te schorten
zeepresten op het droogrek
vinyl in de verkeerde hoes
verveling in de slaapkamer

Tegenover elkaar zitten en verslagen zijn
het einde van de wereld op het puntje
van een tong zonder geweten
die wacht op een woord om zich aan te meten

Les beaux-arts

Het is van geen belang in welke vorm je vlucht vandaag

Al zwicht je voor chicklitpoëzie
door koddig volrijm gelekkerd vleien
smetteloos opzegbaar als een nieuwjaarsbrief
in een persoonlijk jasje van glad gelooid eenkleurig leder vers
met een titel die overspel behartigt

Al schrijd je gemanteld en gehaarlakt een vernissage binnen
geloof je in de kunst van het loutere bedenken
slik je dat een rode stip op wit canvas de suggestie is
van gruwel en kinderbloed vergoten in het zand
of het metaforisch zwerven rond kosmisch onmetelijke mensenpijn
en niet de vlag van Japan

Al koop je een kaartje voor de schouwburg, ruik je het kladden
op de scène met echt lichaamsvocht uit echte schaamte
proef je het bloed dat een hand niet kon verzinnen
schrik je oprecht uit je huid als in een kermisattractie
van wat de spelers levensecht doorleven

Al vergrijp je je blind aan de dansende nimf met kromme neus
die blatend in de taal van waterdieren haar leugens dartelt
zich kreupel lacht en nooit meer recht kan lopen
de zon begraaft onder een raadselvloek
omdat jij haar niet begrijpt en zij geen licht zal oogsten
met haar experimentele choreografie

Zelfs dan verwijt ik je niet het vluchten
zolang je morgen weer piano voor me speelt

Union sexuelle

Ze wil me verdrijven, hakken in het vlees
dat het karkas van mijn instincten bekleedt
een engelenglimlach kloven
in de neerhangende hoeken van mijn mond

Ze bepotelt mijn gebrek aan gezichtsbeharing
beraamt mijn uitsterven
fantaseert wat zelfs een voyeur niet durft verhopen
haar stoutste dromen in vervulling
een transgender te beminnen als een kind

We zijn vergankelijk omdat we afhankelijk zijn
als een tweede huid vervolmaken we elkaar
laag op laag
aanraken is loslaten

Het is geen zonde tijdloos te zijn
alles is slechts licht tot we bevroeden
welk chemisch complot ons tot hechten drijft
dan verdwijnt het, valt de nacht
staan we elkaar gewillig te betasten
niemand die het ziet

Couple d'écrivains [11]

Met een speer vang je geen vlinders, zegt ze

Ze begluurt me door de spleten tussen haar vingers
drilt een tongpunt-r tegen haar voorste tanden
maakt papieren vogels die meteen naar de diepte duiken

Ze zegt: beschrijf niet de vervoeging van de liefde
toon hoe onze lichamen zich verbuigen
in contouren en snijlijnen, of nog beter: verzwijg

Verbeeld me zo helder dat ik lucide ben

Ik zeg: wat dan met al je gezichten
eekhoorn als je lacht en schildpad als je huilt
mogen de dieren niet meer spreken?

Ja, zegt ze, dieren spreken
terwijl ze blaast naar de kat die klauwt aan de hor
straks is het huis vergeven van de motten

La conjugaison de l'amour

Infinitif

De volgorde ligt vast
spreken, zwijgen, opstaan, gaan

Conditionnel présent

We nemen zelden nog de tijd
om een gesprek achterstevoren te voeren

Te beginnen bij de conclusie
hoe ingewikkeld het is om zal en zou
van elkaar te onderscheiden

De argumenten te weerleggen
voor ze zijn aangevoerd

Tot slot een stelling op te werpen
die ook een vraag zou kunnen zijn

Passé composé

Elkaar kennen is onmogelijk

Ze kijkt naar de spiegelbeelden die ik voor haar verzin

Een schoolkind dat leerde lachen met haar lippen op elkaar
een pubermeisje dat haar stem verloor aan bellen blazen
een maagd die zwijgend over iedereens geheimen waakte
begreep dat een eerste kus geen kwestie is
van karakter

Een melkmuiltje met dunne lippen en doorzichtig vel
dat enkel at wat ze kon tellen, zelden sprak
wanneer ze sprak, schreeuwde
naar de spiegel als een papegaai

Een dochter die borstelde beet schaafde vijlde maalde
ze maalde om niemand
had niemand nodig en niemand haar
wier mond op die manier een wapen werd

Een jonge vrouw die vluchtte
toen het wachten op mannen begon
wie gisteren zong zal morgen dansen
en overmorgen andersom

Zullen is nooit voltooid tegenwoordig
dus zijn we altijd toekomst of verleden

Zij is nu de vrouw, ik het vermetel heden
dat zoekt naar een moment om plaats te grijpen

Indicatif présent

Dat we te vaag zijn werd ons vaak verweten
hoe we schelden om onszelf aan te lengen
dat we verdrinken in een misschien, we weten niet
hoe neen moet klinken om teder te zijn

Het heden heeft geen meervoud
dus zullen wij er altijd zijn, er is niets
wat rijmt met de herfst in haar hoofd

We hebben onszelf op ooghoogte
aan de muur genageld, schikken vergissingen
die we liever tussen onze lippen
hadden verzwegen, uit angst

Voor een leegte na de komma
angst dat onze stem daar langzaam
maar zeker zou vervliegen

Ze huivert wanneer ik ons tot toeval herleid
en vloekt in het wilde weg als ik zeg
onze grootste gave is een gebrek aan helderheid

Participe présent

Onze grootste angst is elkaar te vatten
te weten waar de huid het weekst is
welke stemtoon het langst resoneert, te weten
wanneer het hoesten en het daveren begint

In het huis rest weinig meer
dan een kreun in een trapleuning
het kraken van een hemelbed

Waar is de vrouw gebleven
die tranen met tuiten huilde
bij de gedachte dat er nooit genoeg tijd zou zijn
om haar herinneringen te rangschikken
van verdrongen naar verzonnen

Achteraf zijn er altijd genoeg leugens
die we hadden kunnen bedenken voor elkaar

Nadat de avond over de balustrade was gevallen
had ik ook kunnen zeggen:
je bent mooier zonder

Futur simple

Wie zegt nu zoiets als
het huis siddert door ons zwijgen

Wie verzint een hoofd als trapzaal
waar de echo het spreken voorafgaat
het licht zich laat vallen
van binnen naar buiten

Wie bouwt schemer om tot nacht, slaapt
in citaten van Bukowski, droomt de minst belopen paden
beweert schaamteloos dat alle twijfel eender is

Wie leert er tango dansen in de spiegel
hoewel hij niet houdt van viool en contrabas, wie durft
een vrouw recht in de ogen te kijken
te vragen haar tong te lezen als braille

Wie zegt nu zoiets als
er is niets mis met vertrekken
terwijl hij uit het venster kijkt

Gérondif

Straten liepen vol met kwalen
auto's sleepten licht over de weg
sterren doofden achter een wolkendek
dat de hemel voor me dicht moest houden

Het water aan mijn lippen, jazzsolo's van Miles Davis
door het oog van de naald in bloedbanen
hersenspinsels op kruissnelheid gebracht
eindeloos hernieuwbaar zoals ik

Ik danste de nacht naar zijn violen
in een kring van dim licht
voor mij schorste de maan haar schijn

Toen het krijsen nu het hijgen na de storm
schade opmeten, stuurloos tegenstoten
inzien wat begint te dagen aan de horizon

De lift houdt de adem in tussen twee etages
ze wacht op me, razend in slaaptaal
wakend tussen bed en sleutelgat

De kat is weer de slaapkamer in geslopen
zij is meester van dit uur
ze zal me nooit verraden

Ik ben de blindganger
graaf me in onder het dekbed
morgen ga ik af

Impératif

De wijzers staan stil, het tikken gaat door
in haar nagels op het tafelblad, het whiskyglas
we lezen elkaar van links naar rechts naar links
als bij het oversteken van een drukke straat

We moeten praten, of toch op z'n minst iets herhalen
op een toonhoogte die we niet kennen van elkaar

Iets moet van deze dag herinnerd
ook moet er iets ontbreken, zwarte materie
houdt ons in beweging

Beginnen bij het einde en terugkeren
het wegkijken, het uitschenken, de deur
valt in het slot, kijken naar de klok
naast elkaar lopen, niet opkijken van het trottoir
zien dat mijn schoenen versleten en de hare blinken

Denken
zij is een glooiende straat van bovenaf bekeken

Ze zegt: openbreken
is belangrijker dan voltooien

We moeten een ondergronds netwerk uitgraven
erbovenop bouwen we een stad
daarna nog een stad, egaler en schoner
dan de vorige, en daarna

Plus-que-parfait

Wat er was voor de stilte
voor een grote knal de tijd ontketende
ons als projectielen evenwijdig
de kamerruimte in vuurde

Voor de stilte was er niemand
om rond te wentelen
geen van ons wist dat er een zon
een huis zou zijn om in te richten

Voor de stilte was er geen geheugen
om te voorzien dat er kometen
leugens en begeerte
dat we ons op zondag zouden vervelen

Wanneer we ongekleed op een armlengte
staan weg te kijken van het midden
van elkaar

Voor de knal was er de stilte
daarvoor werd er niets
verwacht

Subjonctif

De perverse eenvoud van tien vingers
op geribde huid, het zuinige proeven

De lucht van je mond een volzin
wil ontsnappen langs je neus

Ik mis een voegwoord
een vlies dat spoken vangt
erdoorheen durft te schijnen
moet een wijze vinden om te wentelen

Moet weer reikhalzen
naar het weerspannige zuiden van je onderbuik
kolkend golven rond je vrije contrapunt
baden in de drassige vouw onder je oren
je ochtendadem opsijpelen, je navel bedampen
weer op en neer galmen langs je heuvelrug

Moet mijn verlangen schiften
in hebberig wachten
en weten dat iemand me bezit

Futur antérieur

Tussen ons is alles te herdoen
straks moet er nog het lege glas
en de ruzie om wie het leegde
daarna kunnen we beginnen
te vergeten

Communautaire

Bruxelles ma belle

Ze openbaart zich in tweetalige verbodsborden
haaientanden, een bovenaards lichtkarpet
sleept zich voort over de weg
het blauw van de nacht mengt zich met het rood
dat zich gisteren boven de daken verhing

Ze is anderhalf miljoen kwelende tongen
in de hellemond van een stokoud continent
ze loeit dat het een lieve lust is
dat het nergens heen gaat

In haar begint de wereldreis die ik nog moet maken
met haar spreek ik alle talen tegelijk

Er rinkelt iets, of is het breken dat ik hoor
ergens in de verste van twee verten
enkele straten die van hun wijk afscheuren
als armen van haar afgesloofde lijf
om zich aan te sluiten bij de rand
haar erogene zone is een no-go
de puzzel past niet zonder sleutelwoorden

Er zijn posities te bekleden, rollen te verdelen
stukken van haar golvende borst liggen voor het grijpen
in haar handen, waar het uitschot zich niet weg laat spoelen
haar hart ligt er ellendig groot bij

Ik heb in haar mijn zin voor smaak verloren
heb haar met peuken verbrand

haar de stenen huid vol gescholden
in haar eigen moedertaal

Ze is geen huis voor mij
een lijf om op te zwerven

Tussen beurs en munt zweet ze me uit
ik lek als een straatkat
het zout uit de wonde
zo leer ik haar te spreken

Les goûts et les couleurs

Ergens in een straat in de Marollen rollen twee mannen de wereld op

Op de radio is een koning dood en dertig burgers protesteren
zinloos tegen geweld, beschaamd om de privileges van hun afkomst
grijs is ook een kleur en ze is aan haar opmars begonnen

De vrouw die walst met haar overleden man is kwaad
sinds ze de dans moet leiden, ze briest:
staar me niet zo aan met uw pen en uw papier
ze is van hem en van niemand anders voor eeuwig
ik mag het zien maar niet beschouwen

Ik leerde eerst te glimlachen dan pas antwoord te geven
weg te kijken wanneer ik verleid tot woorden als nooit en altijd
denken aan wat overgrootmoeder zei
tout comprendre c'est tout pardonner
een sterk huwelijk is weten wanneer het beter
over mauve bloemen op een dakterras zou gaan

Ergens in een straat in de Marollen laten twee mannen de wereld vallen

Mijn Joodse en Palestijnse onderburen spreken dezelfde taal
ik moet ontrafelen wat er tussen de gesprekken vergaat
behoed voor woorden als iedereen alles niemand niets
even vluchtig als de geur van woestijn
eens ingeademd, nooit meer vergeten

Waar het om draait is tot een volk behoren, meester zijn
in tussentaal vloeken met de tongval van een dorpsidioot

De vrouw blijft walsen, kijkt groots om zich heen
als een duif die het liefst in volle vlucht wil sterven
een tinteling, een stuiptrekking, kop vooruit de diepte in

Ik kijk uit het venster en de wereld is voorbij

Ni dieu ni maître

Te snel vooruit, botsen
tegen een clochard bij Brussel-Zuid

    Touché

Excuseer het is de tijd, zegt hij
    grande vitesse van aujourd'hui
        wind in de zeilen, panache

Het is een vrijgeleide zolang ge jong zijt
gosses de la rue op de place m'as-tu vu
    va-et-vient van nouveaux riches bobo's capitalistes
die sans gêne het krediet opsouperen aan betaalbare cultuur
clair-obscur helden ophangen aan de muren

De joie de vivre schijnt uit uw ogen
    recht in het decolleté van het meisje
        met haar jamais vu lijntje
            fraaie derrière
                louche knipoog in uw richting
haar hand op uw revers

Het is zij, la fille de vos rêves
die u rooft in de witte nacht   u inlijft
verlokt tot ver achter de grens   van de bonnes manières
carte blanche als represaille
voor uw ingebeelde vrijheid

Zij krijgt u klein, rijgt uw stoutste dromen
en bêtises aan elkaar   grijpt u
met de ketting van jalousie naar de keel

Te vaag, les vagues
         la mère qui ne dit rien ou bien n'importe quoi
Dat is Jacques Brel
         Jacques Brel is een standbeeld in Brussel

Au fond figureren wij   in een tableau vivant van je-m'en-foutisme

Pardon, elke conversatie is theater
         een scène en plein public
om aan voorbij te gaan
ces   gens   –   là

Femme fatale met wegwerpbaby op de schoot
         enfant terrible giet zijn jeugd in één slok achterover
                  parvenu kent geen limieten, dorpsgek van hier en nu
                           idiot savant met de mensheid in zijn rechterhand
Ze zijn er maar ge ziet ze niet

We zijn en route, toi et moi
cherchez la raison d'être
         lijzig verliezen we de tijd
circulez, wie aarzelt is foutu

Hervat uw belles affaires
fermez la porte aux intouchables
in eigen naam, et après nous   la désillusion

Moedertaal [1]

Ik spreek in doffe waarheden
barbaars gestolen uit bastaardmonden
woorden als vreemdelingen gezuiverd
van hun eigen melodie
dierlijke klanken geëcht in een schone mantel
en etnisch-orthografisch vastgehecht

Ik bot mijn gebrek aan scherpte
bederf het luisteren mijn zeggen is algemeen te beschaafd
om iets of iemand rond mijn vinger te winden

Ik beloof niet gracieus te zijn als flamenco
verwacht van mij geen duende
als ik intiem ben is het tergend en vaal
met een keel vol grijs, ik bezweer

Zij ligt à la française aan mijn ondergrens te zingen
ik ben de rede en zij is zichzelf
niet meer de taal van het vasteland
mijn vlakke land heeft haar uitgestippeld
en verstoten, alle verwachtingen ingelost
in een opbod van solide logica en vaandeldragen

Ik heb gestreden voor alles wat ik ben
heb haar opgeschort in het ploffen
dat onder mijn geraamte samen plot

Tegen haar zingen
heb ik nog steeds geen verhaal

Moedertaal [11]

Haar handen zijn de mijne
rond de tijd spookt haar hoofd
om en om gaan we om en om
duetten dansen bij Dansaert

Ze zingt fluwelen klinkers kort en scherp
roert achter in de keel als een hunker
ze is een omhoog glooiende tong

Ik ben het geluid van getuite lippen
samen zijn we de holle galm van ons
zoekend naar een moedertaal

Citoyen

Koortsig leven in het vide van zeven aurores
dagen verstoken dat het een aard heeft
avancer vooruitgaan verliezen verworden
devenir l'homme dans la rue qui ne bouge plus

Een detente waar de nacht valt, in een nu
dat altijd is
waar het verleden zich op de toekomst ent
où chaque seconde compte contre la gravitation

N'en pouvoir plus, ni vouloir, ni croire
de nuance verzuipen in cynisme terugblikken
altijd neerwaarts naar het middelpunt van niets
dat niets in het niets doet verdwijnen, la nuit
est l'arme qui fait de l'homme un homme

Als er al zoiets als mens bestaat
dan draait hij door in een cyclus van interludes
om geen muziek maar galm te zijn
van wat hij niet begrijpt

Manifeste

Je refuse de me soumettre
je suis le souffle d'air chaud, la voix
qui chuchote dans l'eau du glacier
le soupir qui prédit un meilleur avenir parfois
le doute, de l'appétit jusqu'au arrière-goût
je serais votre compagnon de route

> Ik zal niet verslagen zijn
> ik ben de warme adem, de stem
> die prevelt in het water van de gletsjer
> het zuchten dat herstel voorspelt soms
> de twijfel, van honger tot nasmaak
> kom ik u tegemoet

Je n'irai pas plus loin
écoute, les rides tremblent la surface
du miroir, je dérange votre paix
le désir qui s'étale de temps en temps
entre faim et saturation
votre errance s'annonce

> Verder ga ik niet
> hoor de rimpels trillen op het oppervlak
> van de spiegel, ik kom uw stilte verstoren
> met mijn verlangen dat zich onthult
> tussen honger en verzadiging
> kondig ik uw verdwalen aan

Tremor

Tremor

Het begon op je twaalfde, in een blokhut in de Pyreneeën
stilte aan tafel, opeens het wippen van je rechterhiel
aan honderdvijftig bpm
opeens puber zijn en alles moest kapot

Eerst brak je je hersenpan als een okkernoot
op de stenen trap van een jezuïetenschool
dan verloor je een liefdesbrief
aan een virus dat ILOVEYOU heette
kroop de trilling naar je vingers
begon het kolerige verwoorden
dat je mond in hoeken dreef

Toen schoot het beven je keel in
ontaardde in zwijgen en hoesten
een koelbloedig voornemen bleef als een cirrusnevel
liggen op je tong en bevroor
je wilde onder een blote hemel en met vaste hand
jagen op jagers in een bos
de leraar Frans onthoofden

Nu frikken je rusteloze benen splinters van het hout
kreunt de rugleuning onder het gewicht van je privileges
stilzitten dempt de tremor niet, het aardt hem

De eerste stap van ontwikkelen is terugkeren
naar de plek waar je de misdaad hebt bedacht

Par hasard

Op een dag vond hij zijn twee kinderen op het internet te huur
voor een namiddag frisbee in de duinen

De wind blaast onze stemmen het binnenland in
gesprekken over hetzelfde strand, tien jaar eerder
toen alles snelde en niets genoeg

Zij wilde breakdance en ik wilde op ballet
toen al begreep hij er niets meer van
geen van zijn gewoonten ligt in onze handen
we hebben zijn neus en verder weinig meegekregen

Tijdens de terugrit zand op de achterbank
zonen slapen, dochters dromen, vaders sturen
het rijden is onbewogen sporen naar herkenning

Excusez le mot

Grootmoeder heeft handen zo groot dat ze de zee kan tillen

Elke zomer een appartement met zicht op de horizon
een slok Grand Marnier voor het slapengaan
dansend in nachtjapon met meeuwen op de dijk

Sinds het vergeten een bestemming heeft
mag er geen potpourri meer naast de chips
de grote schuifdeur zit op kinderslot
het beddengoed is antislip

Haar knieprothese draagt het gewicht
van zesentachtig jaren luistervinken
in de kom van haar reuzenhanden
ligt haar elfde nakomeling, een meisje

Hoe heet ze ook alweer?

Gulzig zijn herinneringen altijd
rommelend in een lege maag trillen ze
omhoog over stembanden heen
landen niet zacht maar slaan neer
zoals hagel op water, zo valt
het woord vergeten
op tafel
dood

Esprit

Zijn bed kon niet schoner zijn dan wit
het laken kreukloos op zijn borst en zijn haren schaars
in een zijstreep gestreken, zijn wenkbrauwen getrimd

Licht zijn is een gave
de rimpels om zijn mond verraden dat hij zich vermaakt
zijn coma is verstoppertje spelen

Opa vond dat er te weinig woorden bestonden
voor glimlach, dus maakte hij er glanskop van
maar niemand wilde er om lachen

Ook niet nu we in een halve maan zijn dromen afperken
en ik bij wijze van afscheid een knoop in zijn zakdoek leg
opdat hij zou onthouden dat niet alles een pointe hoeft

Ce que je sais

Accident de parcours

Toen vielen er brokken heelal uit de lucht

Enkelen zagen er onheil in
trokken hun hemden en onderbroeken uit
keken naar elkaar en dan naar boven

Anderen voeren uit, maten de omvang
van drijvende brokken op zee
formuleerden een universeel oerbeginsel

Sommigen hoorden iets in de verte
hielden het voor guerrillamarketing
kochten meteen een nieuwe hybride wagen

Ik sta hier nog te zwaaien
maar je bent er niet

L'Art d'observer

Waar het gadeslaan begint
bij de visser en zijn schichtige prooi
bij het wachten dat een impressie is
van verwachten

Ongebonden zijn is vergeten
dat alles in paren bestaat
pas zichtbaar is
wanneer het gadeslaan stopt

Exception

Een steen vlucht niet
hij valt wanneer de grond
waarin hij staat geworteld
hem laat gaan

Hij groeit niet
slijt, verdicht, verlicht, verweert

Vallen doet hij nooit alleen

Pas de deux

Twee mensen
een vrouw en een man
zij spreekt hij kijkt
zij wil weten wat, waar, wie, hoe, wanneer
hij zwijgt

Twee handen zijn een schaduw
een vogel op de muur
hij vliegt

L'homme

Er bestaat een mens
er bestaat een mens die stapt op een vloer
er bestaat een mens die stapt op een vloer van krakend hout en ijsbeert

Er bestaat een mens die struikelt
over iets wat lijkt op een steen
in een huiskamer waar geen stenen liggen

Er bestaat een mens
in zijn ene hand houdt hij niets
in zijn andere, ook niets

Die mens bestaat

Je sais

Er staat een boom
in de kosmos
er is een boom
er is de kosmos
dat is wat ik weet

Ze zijn, soms zijn ze amper
een boom en de kosmos
soms zijn ze in elkaar
staan ze niet meer
bestaan ze uit elkaar

Een boom heeft de kosmos
de kosmos heeft een boom
in zich, op zich
hebben ze altijd elkaar
ze hebben elkaar altijd gehad

# Épilogue

La fin ne justifie rien

We hebben afgeworpen
wat los hing in verbanden
hebben onszelf tegenpolig
gemagnetiseerd, zijn gevlucht
maar niet weg

Nu is aanraken afstoten
geen plek vinden om stil te staan
op een zucht van elkaar

Alles valt samen
achteraf gezien
was er niets anders mogelijk
dan de barst, het scheuren
en het achtervolgen

Om bestaan te hebben
moet iets verdwenen zijn
en teruggekomen, zo zijn ook wij
pas zichtbaar in het weerzien

Vanaf vandaag herkennen wij elkaar
in het benoemen van een nietig licht
dat drie seconden lang naar onze adem greep

Zolang we niet omkijken
kunnen we nog terug

Verantwoording

Het gedicht 'Indicatif présent' won onder een andere naam ('Onscherp') de Melopee Poëzieprijs, voor het meest beklijvende gedicht in een literair tijdschrift.

Gedichten uit de cyclus 'La conjugaison de l'amour' verschenen in *Het Liegend Konijn*.

De gedichten 'État des affaires' en 'La Jungle de Calais' verschenen in de festivalbundel van de Jo Peters PoëziePrijs.

De gedichten 'Rien à déclarer' en 'Manifeste' verschenen in *Reveil*.

Het gedicht 'Par hasard' verscheen in *Kluger Hans*.

Colofon

Et alors van Max Greyson werd in 2019 in opdracht van Uitgeverij De Arbeiderspers volgens ontwerp van Steven van der Gaauw gezet uit de DTL-Haarlemmer en gedrukt door Drukkerij Ten Brink te Meppel op 80 grams houtvrij romandruk.